ELISABETH FISCHER

Schmackhafte Eintöpfe

ELISABETH FISCHER

Schmackhafte Eintöpfe

NEUE VEGETARISCHE KÜCHE

Mosaik

Titelfoto: Michael Brauner
Fotos im Innenteil:
Michael Brauner

© 1999 Mosaik Verlag München
in der Verlagsgruppe Bertelsmann GmbH / 5 4 3 2 1

Redaktionsleitung: Halina Heitz
Redaktion: Hanna Forster
Bildredaktion: Helga August
Layout und DTP: Filmsatz Schröter
Umschlaggestaltung: Design Team München
Reproduktionen: Artilitho, Trento
Druck: Alcione, Trento
Bindung: Ecoprint, Lavis - Trento
Printed in Italy

ISBN: 3-576-11302-9

INHALT

In aller Munde

Eine große Schüssel mit dampfendem Eintopf - kein anderes Gericht verbreitet so viel Gemütlichkeit. Aber nicht nur darum zählen diese duftenden Speisen zu den beliebtesten Gerichten rund um den Globus. Die heftige Zuneigung hat auch sehr praktische Gründe.

Erstens, wie der Name schon sagt: Ein-Topf, also nicht Zwei-Töpfe, Drei-Töpfe oder Zweipfannen-Dreitöpfe. Ein Topf muß abgewaschen werden und sonst nichts. Und ist dieser Topf dazu noch ansehnlich, aus schwerem Gußeisen oder erdfarbenem Ton, erspart man sich auch die Servierschüssel.

Zweitens: Wer viel kocht, aber seltsamerweise auch wer wenig kocht, hat ständig die verschiedensten Gemüsereste im Kühlschrank: eine Karotte, zwei Tomaten, eine Handvoll Bohnen, drei Champignons einen Viertel Krautkopf. Im Eintopf verwandeln sich traurige Überbleibsel zu einem erfreulichen Eßerlebnis. Das Grundrezept für die gelungene Resteverwertung, den Ur-Topf, der in dieser oder ähnlicher Form seit Menschengedenken über den Herdfeuern aller Kulturen köchelt, finden Sie auf Seite 31. Dieses geschichtsträchtige »Allerwelts-Rezept« ist auch eine glänzende Idee für das gemütliche Open-Air-Essen. Auf einer offenen Feuerstelle, schnell gebastelt aus dicken Steinen, brodelt der Eintopf, und alle helfen mit, schnipseln das knackige Gemüse kurz und klein oder suchen in der Landschaft nach aromatischen Kräutern.

Eintöpfe sind in aller Munde. In der Provence gibt es basilikumduftenden Pistou. Die Mexikaner widmen sich hingebungsvoll den Frijoles, diesen kleinen, schwarzen Böhnchen, die in Verbindung mit höllisch scharfer Salsa picante und weichen Maistortillas mit Leidenschaft und in riesigen Mengen verspeist werden. Und in Japan wird die hohe Kunst, einen perfekten Nudeleintopf zu kochen, sogar in einem abendfüllenden Spielfilm behandelt. »Tampopo« heißt der appetitanregende Streifen, welcher cineastischen und kulinarischen Gourmets gleichermaßen zu empfehlen ist.

Eintöpfe regen zu immer neuen Kreationen an und schmecken zu jeder Jahreszeit. Haben Sie im Frühling Lust auf wilde Kräutchen und die ersten jungen Gemüse, dann

rühren Sie den »Hexenkessel« (S. 54) kräftig um. Der Sommer gibt sich südlich mit einem »Florentiner Topf« (S. 59), und im Herbst wird Kürbis auf karibische Art serviert, sanft geköchelt im »Pfeffertopf« (S. 18). Der Winter verwöhnt Durchgefrorene mit sättigenden Linsen- und Nudel-

gerichten und herzhaft Kartoffeligem. Und wenn der Eintopf gelegentlich wie Kraut und Rüben daherkommt, dann schon leuchtend rot mit einem weißen Sahnehäubchen wie der klassische »Borschtsch« (S. 46).

Die Brühe hält den Eintopf zusammen

Schnell und einfach sind Eintöpfe zubereitet, Blitzgerichte, was den Arbeitsaufwand betrifft. Trotzdem sollte man aus lauter Begeisterung über die minutenschnelle Zubereitung einen wesentlichen Bestandteil dieser herz- und magenerwärmenden Speise nicht vernachlässigen: die Brühe.

Eine wässrige Brühe kann ihren Eintopf ruinieren, daraus ein fades Süppchen machen, in welches nur zufällig einige unbeteiligte Gemüsestückchen geraten sind. Die Brühe entscheidet über Erfolg oder Desaster und nicht zuletzt auch über den Charakter ihres Eintopfs.

Duftende Kräuter und Gewürze

Wenige, jedoch gezielt eingesetzte Würzstoffe bestimmen darüber, ob aus Grundzutaten wie Brokkoli, Pilzen, Lauch und Nudeln ein exotisches oder ein traditionelles Gericht nach Art unserer Großmütter wird. Mit Sherry, Sojasauce und Ingwer, vielleicht auch etwas geröstetem Sesam in der Brühe, stimmt die fernöstliche Geschmacksnote. Mit frischem Liebstöckel, Muskat und Petersilie, dazu einer Nelke oder einigen Pimentkörnern, kochen Sie sich die Erinnerung an Omas Küche zurück.

Es sind nur wenige Griffe ins Gewürzregal, die Ihnen die unterschiedlichsten Eßwelten erschließen. Ein Bund frisches Basilikum, reife Tomaten, Olivenöl und frisch geriebener Parmesan – mit diesen Grundzutaten der italienischen Küche wird aus den zuvor erwähnten Ingredienzen Brokkoli, Pilzen, Lauch und Nudeln eine Minestrone. Mit Kokosmark, Limonenschale, Limonensaft, Currygewürze und frischem Koriander hingegen schmeckt die Brühe typisch thailändisch.

Milde Zwiebeln und feuriges Chilli

Oft sind auch Zwiebeln ein wesentliches Geschmackselement der Brühe. Sie werden zuerst bei niedriger Temperatur langsam in

etwas Fett angedünstet und dürfen danach bei guter Hitze und unter ständigem Rühren die beliebte goldgelbe Farbe annehmen. Mit Brühe aufgegossen und etwas geköchelt entfalten die Zwiebeln dann ihr volles Aroma. Frisch gemahlener schwarzer Pfeffer oder feuriges Chilipulver sind die passende Ergänzung dazu.

Zarte Butter und deftiges Olivenöl

Das Fett, in dem die Zwiebeln weich gebraten werden, trägt wesentlich zum Wohlgeschmack der Brühe bei. Aber was nehmen? Butter

oder Öl – und wenn Öl, welches? Als Faustregel gilt: Zarte Butter für milde Eintöpfe, wie den sahnigen Frühlingstopf mit Zuckererbsen und Spargel (S. 42). Aber auch in der gewürzreichen orientalischen Küche ist Butter oder Butterschmalz beliebt, besonders in Verbindung mit Nüssen und einem leichten Zitrusgeschmack. Das Rezept auf Seite 36, »Fenchel und Karotten im Mandelfond«, ist ein ausgezeichnetes Beispiel dieser üppigen Geschmacksvariante.

Olivenöl macht deftig Südliches wunderbar sämig. Grundsätzlich können Sie für alle herzhaften Mittelmeer-Eintöpfe, Olivenöl verwenden. Neutrales Erdnuß-, Maiskeim- und Sojaöl eignet sich für Fernöstliches. Hier gilt die Devise »weniger ist mehr«, denn ein aufdringlicher Ölgeschmack stört das ausgewogene Zusammenspiel japanischer und chinesischer Gewürzmischungen. Und noch ein Tip: Nehmen Sie zum Kochen keine kaltgepreßten Öle, denn durch das Erhitzen können schädliche Röststoffe entstehen.

Gemüse und Brühe: Der Austausch der Aromen

Selbstverständlich geben auch Gemüse, Kräuter oder Hülsenfrüchte, die in der Brühe gekocht werden, ihr Aroma an die Flüssigkeit ab und werden im Austausch dafür mit der Würze der Brühe durchdrungen. Besonders schmeckbar wird dieses »Ich geb Dir und Du gibst mir« im indischen »Currytopf mit Blumenkohl und Erbsen« (S. 20). Dieses Hin und Her funktioniert allerdings nur, wenn die Gemüse nicht zu lange gekocht werden, denn dabei verduften die feinen Geschmäcker.

Brühe selbstgekocht und aus dem Supermarkt

Bleibt noch zu klären, welche Brühe die Basis all dieser Aromatisierungen sein soll. Ideal wäre selbstgekochte Brühe aus kleingeschnittenen Gemüsen, frischen Kräutern und Gewürzen, wobei Sie je nach Verwendungszweck schon die Gemüsebrühe entsprechend aromatisieren können. Weil dazu jedoch meist die Zeit fehlt, empfehle ich Ihnen verschiedene Sorten von Instant-Gemüsebrühen auszuprobieren, die es in Würfel- oder Pulverform gibt.

Verwenden Sie nur eine Instant-Gemüsebrühe, die keinen aufdringlichen Eigengeschmack in Ihren Eintopf bringt. Was Sie brauchen, ist ein angenehmes, reines Gemüsearoma und keine dominierende Würzmischung. In welche Richtung der Geschmack geht, bestimmen Sie und nicht die Lebensmittelindustrie.

Gemüsebrühe-Grundrezept

2 l Wasser
200 g Karotten, 3 mm dünne Scheiben
200 g Sellerie, 3 mm dünne Scheiben
200 g Lauch, 3 mm feine Ringe
100 g Petersilienwurzel, dünne Scheiben
4 Stiele Petersilie, 2 Knoblauchzehen
1/2 TL Ingwer, fein gehackt
1 gute Prise Muskat, 5 Pimentkörner, 1 Nelke,
1 TL Liebstöckel, Salz, weißer Pfeffer

Wasser in einem großen Topf zum Kochen bringen. Gemüse und Gewürze hinzufügen. Mit Salz und Pfeffer abschmecken, zugedeckt 3 Minuten kochen. Brühe durch ein Sieb abgießen.

Klare Tomatenbrühe

2 l Wasser
200 g Karotten, 3 mm dünne Scheiben
200 g Stangensellerie, 3 mm dünne Scheiben
200 g Fenchel, 3 mm dünne Streifen
100 g Zwiebeln, feine Ringe
2 Knoblauchzehen, dünne Scheiben
200 g Tomaten, Stücke
1/2 TL Oregano, 1/2 TL Thymian, 1/2 TL Basilikum,
1 Lorbeerblatt, weißer Pfeffer, Salz

Wasser zum Kochen bringen, Gemüse und Gewürze hinzufügen, mit Salz und Pfeffer abschmecken. Die Brühe zugedeckt 5 Minuten köcheln. Ein Sieb mit einem Küchentuch auslegen, die Brühe abgießen, Gemüse leicht ausdrücken.

Zwiebelwürzige Gemüsebrühe

2 EL Olivenöl
300 g Zwiebeln, feine Ringe
2 l Wasser, 1 gute Prise Muskat, 3 Pimentkörner,
1 Nelke, 1 Lorbeerblatt,
Salz, weißer Pfeffer,
1 Stück Schale von einer unbehandelten Zitrone,
200 g Karotten, 3 mm dünne Scheiben
200 g Stangensellerie, 3 mm dünne Scheiben
200 g Fenchel, 3 mm dünne Streifen
3 Stiele Petersilie

Öl erhitzen. Zwiebeln unter Rühren goldgelb braten. Mit Wasser aufgießen, Gewürze und Zitronenschale hinzufügen, mit Salz und Pfeffer würzen. Zum Kochen bringen, zugedeckt 10 Minuten köcheln. Karotten, Sellerie und Petersilie hinzufügen, 4 Minuten köcheln. Brühe durch ein Sieb abgießen.

Nacheinander, damit der Biß stimmt

Auch in Eintöpfen schmeckt Gemüse bißfest am besten. Nur so behält es seine leuchtenden Farben und sein intensives Aroma. Verschiedene Gemüsesorten brauchen unterschiedlich lang, bis sie den perfekten Garpunkt – nicht mehr hart und gerade noch nicht weich – erreicht haben: Karotten köcheln länger als Zucchini, und dicke Karottenstücke brauchen mehr Zeit als streichholzdünne Stifte.

»Nacheinander« heißt das Zauberwort für ungetrübte Eintopffreuden. Zuerst die harten Gemüsesorten, dann die weicheren und zum Schluß, wenn die Garzeit nur noch den Bruchteil einer Minute beträgt, die zarten Blattgemüse.

Die Größe der Gemüsestücke richtet sich auch nach der Kochmethode. Eines gilt jedoch immer, ganz gleich, ob kurze oder lange Garzeit: die Gemüse werden gleichmäßig in Stücke geschnitten, denn nichts ist ärgerlicher, als Karotten, die zum Teil schon zerfallen sind, während der Rest noch fast roh in der Brühe schwimmt.

Das nahrhafte Herz des Eintopfs

Bohnen, Kartoffeln und Nudeln verwandeln den Eintopf in ein preiswertes Hauptgericht. Auch kleine Semmelknödel oder gegrillte Polentaschnitten sorgen dafür, daß man nach einem Eintopfessen mit einem zufriedenen Gefühl im Magen aufsteht. Und selbstverständlich gehört auch ein ordentliches Stück herzhaftes Brot zu einem richtigen Eintopfschmaus.

Diese sättigenden Eintopfzutaten sind richtige Kraftpakete, die reichlich Vitamine, Mineralstoffe und gut verwertbares Eiweiß zu bieten haben. Und auch das soll nicht verschwiegen werden: Bohnen, Getreide und Kartoffeln machen schlank, da sie kaum Fett enthalten.

Ein Essen ist perfekt, wenn es schmeckt, die Gesundheit fördert und nicht dick macht, wenn man satt aufsteht und sich trotzdem nicht voll und schwer fühlt. In einem großen Topf mit marktfrischen Zutaten, mit viel Gemüse und reichlich Nahrhaftem gelingt diese erstrebenswerte Verbindung von Wohlgeschmack und Wohlbefinden.

Die nachfolgendend Rezepte sind mit Ausnahme der Parmesan-Omelette-Sreifen (für 2 Personen) jeweils für 4 Personen berechnet.

Semmelknödelchen

1 EL Butter, 1 kleine Zwiebel, fein gehackt
2 EL Petersilie, fein gehackt
1 altbackenes Baguette, dünne Scheiben
100 – 150 ml lauwarme Milch, 2 Eier, Salz
schwarzer Pfeffer aus der Mühle,
1 Prise Muskat

Butter in einer Pfanne schmelzen, Zwiebeln und Petersilie darin andünsten. Brot und Zwiebeln in eine Schüssel geben. Mit dem Schneebesen Milch, Eier, Salz, Pfeffer und Muskat vermischen. Eiermilch über das Brot gießen. Mit den Händen einen festen Teig kneten und 30 Minuten durchziehen lassen. Kleine Knödel von etwa 4 cm Durchmesser formen. Die Knödel nebeneinander in einen Siebeinsatz setzen. Zugedeckt über Wasserdampf 13 Minuten garen.

Grieß- und Maisklößchen

125 ml Milch, 30 g Butter, Salz, 1 Prise Muskat
60 g feiner Weizen- oder Maisgrieß, 2 Eier

Milch mit Butter, Salz und Muskat zum Kochen bringen. Grieß einstreuen, unter Rühren einen dicken Brei kochen. Ein Ei in die heiße Masse rühren. Kräftig rühren, damit ein glatter Teig ensteht. Klößchenteig etwas abkühlen lassen, das zweite Ei unterrühren. Reichlich Salzwasser zum Kochen bringen. Mit Teelöffeln Klößchen abstechen. Die Klößchen im schwach kochenden Wasser 8 – 10 Minuten ziehen lassen. Klößchen mit dem Schaumlöffel aus dem Topf heben.

Parmesan-Omelette-Streifen

2 Eier, 3 EL Parmesan, frisch gerieben
Salz, Pfeffer, 1/2 EL Butter

Eier verquirlen, Parmesan unterrühren, mit Salz und Pfeffer abschmecken. Butter in einer kleinen Pfanne schmelzen. Ein Omelette backen. Omelette abkühlen lassen, in dünne Streifen schneiden.

Polentastäbchen

250 ml Gemüsebrühe, 100 g Polenta
100 g Parmesan fein gerieben, 1 EL Butter

Gemüsebrühe zum Kochen bringen, Polenta einstreuen, unter Rühren einen dicken Brei kochen, der sich vom Topfboden löst. Wenn die Polenta grobkörnig ist, noch etwas Gemüsebrühe einrühren. Polenta 1/2 cm dünn auf einem Brett oder einer großen Platte ausstreichen, kalt werden lassen. Polenta mit Käse und Butterflöckchen bestreuen, in Stäbchen (6 cm × 3 cm) schneiden und im vorgeheizten Ofen bei 200 °C 7 Minuten überbacken.

Gebackene Tofubällchen

300 g fester Tofu
1/2 Zwiebel, fein gehackt
1 Knoblauchzehe, fein gehackt
1/2 TL Ingwer, fein gehackt
1 EL Petersilie oder frischer Koriander,
fein gehackt, 1 Prise Chilipulver
1 – 2 EL Sojasauce, 2 – 3 EL Mehl, Salz
Öl zum Ausbacken

Tofu mit der Gabel fein zerdrücken. Mit den restlichen Zutaten zu einem festen Teig verkneten. Mit Salz und Chilli abschmecken. Bällchen von 3 cm Durchmesser formen. Reichlich Öl in einem Wok oder einer hohen Pfanne erhitzen. Die Bällchen rundum knusprig goldbraun braten, auf Küchenkrepp abtropfen lassen.

Wenn die Nacht lang wird:
Eintöpfe für hungrige Gäste

Um Mitternacht haben Feste bereits jenes fort-geschrittene Stadium erreicht, in welchem die Gäste dringend einer Stärkung bedürfen. Denn um 24 Uhr ist die Nacht noch jung, die beste Musik noch nicht gespielt; die Tanz-beine haben erste Lockerungsübungen hinter sich, und die Gespräche sind endlich bei den anregenden Themen angekommen.

Aufmerksame Gastgeber räumen jetzt die Reste vom Buffet und servieren den großen Eintopf. Denn Feiern macht hungrig, und seit der letzten Nahrungsaufnahme sind schon Stunden vergangen. War zu Beginn des Festes das opulente Buffet mit den verschiedensten Leckerbissen eine willkommene Gelegenheit erste Kontakte zu knüpfen und ganz locker über die Zartheit der sizilianischen Auber-ginenröllchen zu plaudern, so entspricht ein Eintopf den Bedürfnissen der Gäste zur vorgerückten Stunde.

Dampfend heiß sollte die Mitternachts-speise aufgetischt werden, angenehm scharf und mit aufmunternden Gewürzen die ersten Anzeichen von Müdigkeit vertreibend. Löffel für Löffel kräftigend. Trotzdem darf der Ein-topf nicht schwer im Magen liegen, kein »Spielverderber« sein, der späte Esser zu einem ausgedehnten Verdauungsschläfchen zwingt. Ganz im Gegenteil: Mit den richtigen Zutaten kann der Eintopf die Lebenskräfte wecken und bis in den frühen Morgen putz-munter halten.

Besonders empfehlenswert sind die beliebten Bohneneintöpfe. Denn weiße, schwarze oder rote Bohnen sind ein idealer Kraftstoff für unermüdliche Tänzer und Gehirnnahrung für alle, die bis zum Morgen-grauen die erfolgreiche Abwehr des neue-

sten Computervirus diskutieren oder (und auch dazu braucht man Köpfchen) eine neue Eroberung von den eigenen, unwiderstehlichen Vorzügen überzeugen wollen.

Was immer das Fest auch bringen soll, durchtanzte Schuhe, das allerneueste Anti-Virus-Programm, eine neue Liebe oder – ganz unbescheiden – alles auf einmal, die energiespendenden Bohneneintöpfe sorgen dafür, daß Ihnen auf dem Weg zum Ziel die Puste nicht ausgeht.

Aber auch die Gastgeber profitieren von den Vorzügen der Bohneneintöpfe. Denn neben ihrem unbestrittenen Wert für die Fitness sind sie auch besonders praktische Gerichte.

Bohneneintöpfe können schon am Tag vor dem Fest gekocht werden. Sie lassen sich ohne Geschmackseinbußen wieder aufwärmen, wenn es sein muß auch mehrmals während einer langen Nacht, denn Bohneneintöpfe gehören zu den seltenen Speisen, die durch das Aufwärmen geschmacklich gewinnen. Außerdem sind getrocknete Hülsenfrüchte sehr preisgünstig, so daß selbst riesige Töpfe mit herzhaft Bohnigem relativ wenig kosten.

Für hungrige Nachtschwärmer

Wiener Bohnengulasch (S. 77)
Dazu paßt Sauerrahm und kräftiges Roggenbrot

Unter dem Vulkan: Eine mexikanische Leibspeise (S. 79)
Wird mit Tortillas und Salsa picante serviert

Linsengericht mit Paprika (S. 70)
Die passende Begleitung: Knuspriges Baguette

Bohnen mit Mole, eine indianische Spezialität (S. 65)
Dazu zur Abwechslung Tortilla-Chips und Avocadoschnitze

Rosas Eintopf aus dem Ofen

Für 4 Personen

1300 ml Gemüsebrühe
1 Zwiebel, fein gehackt
2 EL Petersilie, fein gehackt
1/2 TL Liebstöckel
1 Prise Muskat
1 Prise Piment
schwarzer Pfeffer aus der Mühle
300 g Rosenkohl
200 g kleine Champignons
100 g Lauch, 3 cm lange Stücke
100 g Karotten, 1 cm dicke Scheiben
100 g Sellerie, 2 cm große Würfel
200 g Kartoffeln, große Schnitze
Salz
2 EL Butter
3 EL Mandelblättchen

1. Gemüsebrühe mit Zwiebeln, Petersilie, Liebstöckel, Muskat, Piment und Pfeffer vermischen.

2. Gemüse und Kartoffeln in einen gewässerten, gut abgetropften Römertopf schichten. Leicht salzen, mit der Gemüsebrühe übergießen. Den Römertopf verschließen und in den kalten Ofen stellen. Gemüse bei 200 °C 50 Minuten garen.

3. Butter in einer kleinen Pfanne erhitzen. Mandelblättchen darin unter Rühren goldbraun braten, leicht salzen. Den Eintopf mit Mandelblättchen bestreut servieren.

Mein Tip: So wird aus Rosas Eintopf ein Essen mit zwei Gängen: Gemüse mit dem Schaumlöffel aus der Brühe heben, im abgeschalteten Ofen zugedeckt warm halten. Zuerst die Gemüsebrühe mit fein gehackten Kräutern und Suppennudeln servieren, dann das Gemüse mit Mandeln bestreut als Hauptgang reichen. Sehr lecker dazu: Kartoffel-Aioli (S. 56).

Manche mögen's scharf!

Karibischer Pfeffertopf

Für 4 Personen

2 EL Öl
2 Zwiebeln, feine Ringe
3 Knoblauchzehen, fein gehackt
1–2 Chilischoten, fein gehackt
1 Nelke
1 Prise Piment
1 Prise Zimt
1 rote Paprikaschote,
1 cm breite Streifen
200 g Karotten, 1 cm dicke Scheiben
300 g Kürbis, 2 cm große Würfel
300 g abgezogene Tomaten aus
der Dose
1 l Gemüsebrühe
$^1/_2$ TL Thymian
100 g tiefgefrorener Mais
200 g Zucchini, $^1/_2$ cm dünne
Scheiben
Salz
1 EL frischer Koriander oder
Petersilie, fein gehackt

1. Öl in einem flachen Topf erhitzen. Zwiebeln darin glasig dünsten. Knoblauch, Chilischote, Nelke, Piment und Zimt hinzufügen, unter Rühren kurz anrösten. Paprika und Karotten dazugeben, leicht salzen, unter Rühren 3 Minuten braten.

2. Kürbis, Tomaten und Gemüsebrühe hinzufügen, mit Thymian würzen. Zugedeckt 10 Minuten köcheln.

3. Mais und Zucchini hinzufügen, zugedeckt 2 Minuten köcheln. Eintopf mit Salz abschmecken. Mit Koriander oder Petersilie bestreut servieren.

Mein Tip: Manche mögen's noch schärfer. Reichen Sie zum Eintopf eine Pfeffersauce: 100 g gehackte Zwiebeln, 3 gehackte Knoblauchzehen und 3 gehackte Chilischoten in Öl anbraten. Mit dem Saft von 2 Zitronen und etwas abgeriebener Zitronenschale vermischen, mit Salz abschmecken.

Das beruhigt den Maharadscha:

Currytopf mit Blumenkohl und Erbsen

Für 4 Personen

1 EL Butter
1 EL Öl
1 Zwiebel, fein gehackt
3 Knoblauchzehen, fein gehackt
1 TL Ingwer, fein gehackt
1–2 TL Currypulver
2 EL Tomatenmark
200 g Kartoffeln, kleine Würfel
Salz
1200 ml Gemüsebrühe
etwas abgeriebene Schale einer
unbehandelten Limone oder Zitrone
4 EL Crème fraîche
500 g Blumenkohl, sehr kleine
Röschen
200 g junge Erbsen (tiefgekühlt)
1 EL Limonen- oder Zitronensaft
Salz
Chilipulver
1 EL frischer Koriander oder
Petersilie, fein gehackt

1. Butter und Öl in einem flachen Topf mit dickem Boden erhitzen. Zwiebeln darin zuerst glasig dünsten, dann unter Rühren goldgelb braten. Knoblauch und Ingwer dazugeben, unter Rühren kurz anbraten.

2. Currypulver dazugeben, unter Rühren kurz anrösten. Tomatenmark hinzufügen, unter Rühren kurz erhitzen. Kartoffeln hinzufügen, alles gut vermischen, leicht salzen, unter Rühren kurz anbraten.

3. Mit Gemüsebrühe aufgießen, Limonen- oder Zitronenschale hinzufügen. Den Eintopf zum Kochen bringen und die Kartoffeln in 10 Minuten weich köcheln. Eintopf vom Herd nehmen, Crème fraîche hinzufügen, mit dem Mixstab fein pürieren.

4. Blumenkohl dazugeben, zugedeckt 5 Minuten köcheln. Erbsen unterrühren, noch 3 Minuten köcheln. Mit Limonensaft, Salz und Chilipulver abschmecken, mit Koriander oder Petersilie bestreut servieren.

Ratatouille

Für 4 Personen

6 EL Olivenöl
1 Zwiebel, fein gehackt
6 Knoblauchzehen, geschält
1 gelbe Paprika, 1 cm breite Streifen
1 grüne Paprika, 1 cm breite Streifen
Salz
800 g Auberginen geschält,
1 cm große Würfel
1 kg Tomaten, abgezogen, Stücke
(oder geschälte Tomaten aus der
Dose)
1 EL Tomatenmark
1/2 TL Thymian
1/2 TL Oregano
schwarzer Pfeffer aus der Mühle

1. 3 Eßlöffel Öl in einem ofenfesten Topf erhitzen. Zwiebel und ganze Knoblauchzehen darin unter Rühren goldgelb braten. Paprika hinzufügen, leicht salzen, unter Rühren 4 Minuten braten.

2. Auberginen und restliches Olivenöl dazugeben. Bei milder Hitze 15 Minuten braten, dabei öfters umrühren. Die Auberginen sollen sich glasig verfärben und ziemlich weich sein.

3. Tomaten, Tomatenmark, Thymian und Oregano dazugeben. Alles gut vermischen. Mit Salz und Pfeffer abschmecken.

4. Den Topf mit einem gut schließenden Deckel bedecken. Das Ratatouille im Ofen bei 200 °C 1 Stunde garen.

Mein Tip: Auf einer Reise in die Provence bekam ich die Ratatouille mit einem Spiegelei serviert. Es schmeckt, probieren Sie's.

Toskanische Fenchel-Pilz-Kasserolle

Für 4 Personen

600 g Fenchel
3 EL Olivenöl
1 Päckchen italienische Kräuter
(tiefgekühlt)
600 g kleine Champignons
700 g Tomaten, abgezogen, Schnitze
(oder geschälte Tomaten aus der
Dose)
Salz
schwarzer Pfeffer aus der Mühle
2 EL Olivenöl
100 g Parmesan, frisch gerieben

1. Die Fenchelknollen in je 6 Schnitze schneiden. (Den Strunk nicht entfernen, damit der Fenchel nicht zerfällt.) Den Boden einer ofenfesten Form mit 1 Eßlöffel Olivenöl ausstreichen und mit den Fenchelschnitzen bedecken.

2. Kräuter, Pilze und Tomaten zwischen und auf dem Fenchel verteilen. Gemüse leicht salzen und pfeffern. Restliches Öl darüber gießen. Form mit einem gut schließenden Deckel verschließen.

3. Das Gemüse 1 Stunde im vorgeheizten Ofen bei 200 °C garen. Parmesan zur Fenchel-Pilz-Kasserolle reichen.

Mein Tip: Goldgelbe, gegrillte Polentastäbchen (S. 13) passen auch zu diesem tomatigen Eintopf. Zur Abwechslung wird die Polenta mit würzigem Ziegenkäse überbacken und mit schwarzem Pfeffer gewürzt.

Grüner Sommertopf

Für 4 Personen

1 EL Olivenöl
1 EL Butter
1 Zwiebel, fein gehackt
2 Knoblauchzehen, fein gehackt
1300 ml Gemüsebrühe
1 Prise Muskat
1 Prise Piment
200 g Spinat oder
tiefgekühlter Blattspinat
Salz
200 g grüne Bohnen,
3 cm lange Stücke
einige Blättchen Liebstöckel
2 Stiele Stangensellerie,
dünne Scheiben
200 g Kohlrabi, feine Stifte
200 g Zucchini, sehr dünne
Scheibchen
Pfeffer
1 TL Minze, fein gehackt
3 EL Basilikum, fein geschnitten
2 Frühlingszwiebeln, feine Ringe

außerdem:
1 Rezept Maisklößchen (S. 13)

1. Öl und Butter in einem Topf mit dickem Boden erhitzen. Zwiebeln darin glasig dünsten. Knoblauch und Gemüsebrühe hinzufügen. Mit Muskat und Piment würzen, zugedeckt 5 Minuten köcheln.

2. In dieser Zeit den tropfnassen Spinat mit wenig Salz in einen großen Topf geben. Zugedeckt bei guter Hitze in 2 Minuten zusammenfallen und in einem Sieb abtropfen lassen. Spinat in mundgerechte Stücke schneiden. (Tiefgekühlten Spinat antauen und in Stücke schneiden.)

3. Bohnen und Liebstöckel in die Gemüsebrühe geben, 4 Minuten köcheln. Sellerie und Kohlrabi hinzufügen, 4 Minuten köcheln. Spinat und Zucchini dazugeben, 1–2 Minuten köcheln. Die Gemüse sollen weich sein, aber noch Biß haben.

4. Den Sommertopf vom Herd nehmen, mit Salz und Pfeffer abschmecken. Die Kräuter unterrühren. Gekochte Maisklößchen in den Eintopf geben. Den Eintopf mit Frühlingszwiebelringen bestreut servieren.

Zwiebel-Tomaten-Steinpilz-Topf mit Crostini

Für 4 Personen

2 EL Butter
2 EL Olivenöl
700 g Zwiebeln, feine Ringe
2 EL Petersilie, fein gehackt
400 g Tomaten, abgezogen, entkernt,
Stücke (oder geschälte Tomaten
aus der Dose)
700 ml Gemüsebrühe
100 ml Sherry (Medium)
1 gute Prise Piment
1 Prise Muskat
1 Lorbeerblatt
$^1/_2$ TL Thymian
schwarzer Pfeffer aus der Mühle
400 g Steinpilze oder Champignons,
feine Scheiben

Crostini:
12 Scheiben Baguette
100 g Emmentaler, fein gerieben
1 EL Butter

1. 1 Eßlöffel Butter und das Olivenöl in einem flachen Topf erhitzen. Zwiebeln darin zuerst bei milder Hitze glasig dünsten, dann unter Rühren goldgelb braten. Petersilie hinzufügen, kurz unter Rühren andünsten. Tomaten unterrühren, in 7 Minuten zu einer dicken Sauce einkochen.

2. Mit Gemüsebrühe und Sherry aufgießen, mit Piment, Muskat, Lorbeer, Thymian und Pfeffer würzen. 20 Minuten köcheln.

3. Die restliche Butter in einer großen Pfanne erhitzen. Die Pilze darin 3 Minuten unter Rühren anbraten. Leicht salzen. Pilze in den Eintopf rühren, 3 Minuten köcheln.

Crostini:
Die Brotscheiben mit Käse und Butterflöckchen bestreuen, auf ein Backblech legen, im Ofen bei 200 °C 5 Minuten überbacken. Den Eintopf portionsweise mit Crostini anrichten.

Best of the Rest:

Der Urtopf

Für 4 Personen

Ein bewährtes Grundrezept, bei dem Sie sämtliche Gemüsereste verarbeiten können. Und noch eine Variante: Nudeln oder Reis weglassen, dafür die Semmelknödelchen (S. 13) im Eintopf servieren.

1 EL Butter, 2 EL Öl
1 Zwiebel, fein gehackt
2 Knoblauchzehen, fein gehackt
800 g Gemüse, fein geschnitten
(Karotten, Sellerie, Kartoffeln, grüne
Bohnen, rote Paprika, Kohlrabi,
Fenchel, Weißkraut, Lauch, Erbsen,
Champignons, Brokkoli, Blumenkohl,
Tomaten)
1300 ml Gemüsebrühe, 1 Lorbeerblatt
schwarzer Pfeffer aus der Mühle
200 g gekochte Bohnen, Linsen,
Kichererbsen, Nudeln oder Reis
Salz
30 g Blattgemüse (Spinat, Kopfsalat,
Mangold), feine Streifen
3 EL Kräuter, fein gehackt (Petersilie,
Dill, Koriander, Minze, Basilikum,
Schnittlauch)
100 g Käse, fein gerieben (Parmesan,
Emmentaler, Pecorino)
4 Scheiben Brot

1. Butter und Öl in einem Topf mit dickem Boden erhitzen. Zwiebeln darin zuerst glasig dünsten, dann unter Rühren goldgelb braten.

2. Knoblauch und die Gemüse mit längerer Garzeit (z. B. Karotten, Sellerie, Bohnen, Paprika) hinzufügen, leicht salzen und unter Rühren kurz anbraten. Mit Gemüsebrühe aufgießen, mit Lorbeerblatt und Pfeffer würzen. 8 Minuten köcheln.

3. Die Gemüse mit kürzerer Garzeit (z. B. Champignons, Brokkoli, Tomaten) hinzufügen und – falls vorhanden – die gekochten Hülsenfrüchte dazugeben. 6 Minuten köcheln.

4. Eventuell Nudeln oder Reis hinzufügen, kurz erhitzen, Blattgemüse (Salat, Spinat) unterrühren. Eintopf vom Herd nehmen, Kräuter untermischen, mit Salz und Pfeffer abschmecken. Käse und Brot dazu reichen.

Letscho

Für 4 Personen

3 EL Öl
1 große Zwiebel, fein gehackt
2 EL Petersilie, fein gehackt
6 grüne Paprika, 1 cm breite Streifen
3 Knoblauchzehen, fein gehackt
Salz
$\frac{1}{2}$ TL Kümmel
1 – 2 TL Paprika, edelsüß
1 kg Tomaten, abgezogen, Stücke
(oder geschälte Tomaten aus
der Dose)
1 Rezept Polentastäbchen (S. 13)

1. Das Öl in einem flachen Topf erhitzen. Die Zwiebeln darin zuerst glasig dünsten, dann unter Rühren goldgelb braten. Petersilie dazugeben, kurz andünsten.

2. Paprika und Knoblauch hinzufügen, leicht salzen. Unter Rühren 3 Minuten anbraten. Kümmel und Paprikapulver dazugeben, unter Rühren kurz erhitzen.

3. Tomaten unterrühren. Letscho 20 Minuten köcheln. Die Paprika sollen von einer sämigen Tomatensauce umgeben sein. Letscho portionsweise mit Polentstäbchen anrichten.

Mein Tip: In diesen Sommereintopf passen auch zarte Zucchini, die kurz gegart am besten schmekken. Darum erst wenige Minuten vor Ende der Garzeit 200 g dünne Zucchinischeiben in den Letscho rühren.

Provenzalischer Pistou

Für 4 Personen

Der besondere Pfiff: Eine Sauce aus reifen, rohen Tomaten, Knoblauch, Basilikum und fein geriebenem Parmesan wird in den fertig gekochten Eintopf gerührt.

200 g Tomaten, abgezogen, entkernt, kleine Stücke
4 EL Olivenöl
2 Knoblauchzehen, fein gehackt
30 g Parmesan, fein gerieben
1 kleiner Bund Basilikum, fein geschnitten
Salz, Pfeffer
1 l Gemüsebrühe
100 g Karotten, $^{1}/_{2}$ cm dicke Scheiben
2 Stiele Stangensellerie, $^{1}/_{2}$ cm dicke Scheiben
200 g grüne Bohnen, 3 cm lange Stücke
1 Fenchelknolle, 1 cm breite Streifen
200 g Blumenkohl, kleine Röschen
2 Scheiben trockenes Weißbrot (100 g), fein zerkrümelt
1 Stiel Thymian
1 Lorbeerblatt
100 g junge Erbsen (auch tiefgekühlt)
4 Mangoldblätter, 2 cm breite Streifen
4 Frühlingszwiebeln, 1 cm dünne Ringe

1. Die Tomaten mit Olivenöl und Knoblauch mit dem Mixstab fein pürieren, durch ein Sieb streichen. Parmesan und Basilikum unterrühren. Tomatensauce mit Salz und Pfeffer abschmecken.

2. Die Gemüsebrühe zum Kochen bringen. Karotten, Sellerie, Bohnen, Fenchel, Blumenkohl, Weißbrot, Thymian und Lorbeerblatt hinzufügen. 10 Minuten köcheln.

3. Erbsen, Mangold und Frühlingszwiebeln hinzufügen, 3 Minuten köcheln. Den Eintopf mit Salz und Pfeffer abschmecken.

4. Tomatensauce in eine Suppenschüssel geben. Zuerst nur einige Eßlöffel kochend heiße Brühe mit der Tomatensauce verrühren, dann den Eintopf nach und nach unterrühren.

Mein Tip: Den Pistou mit hausgemachter Zwiebelbrühe zubereiten.

Des Paschas Entzücken:

Fenchel und Karotten im Mandelfond

Für 4 Personen

150 g Mandelblättchen
1 gute Prise Zimt
1 TL Cumin
1 TL Koriander
1300 ml Wasser
2 EL Butter
2 Zwiebeln, feine Ringe
600 g Fenchel, 3 cm dicke Schnitze
300 g Karotten, $1/2$ cm dünne
Scheiben
Salz
2–3 TL Gemüsebrühe (Instant)
1 TL Ingwer, fein gehackt
Schale von $1/4$ unbehandelter Zitrone,
fein gehackt
Schale von $1/4$ unbehandelten
Orange, fein gehackt
1 Prise Muskat
1 Prise Cayennepfeffer
200 g Spinat
$1/2$–1 EL Zitronensaft
1–2 EL Orangensaft
8 Scheiben Weißbrot
einige Zitronen- und Orangenschnitze

1. Mandelblättchen, Zimt, Cumin und Koriander in einer trockenen Pfanne kurz anrösten. Mandelblättchen mit dem Wasser im Mixer fein pürieren. Mandelmilch durch ein Sieb streichen.

2. Die Butter in einem Topf schmelzen. Zwiebeln darin zuerst glasig dünsten, dann unter Rühren goldgelb braten. Fenchel und Karotten hinzufügen, leicht salzen, einige Minuten andünsten.

3. Gemüse mit Mandelmilch aufgießen, mit Gemüsebrühe, Ingwer, Zitronen- und Orangenschale, Muskat und Cayennepfeffer würzen. 15–20 Minuten köcheln. Die Gemüse sollen noch einen leichten Biß haben.

4. Spinat mit etwas Salz in einem Topf zugedeckt bei guter Hitze in 2 Minuten zusammenfallen und in einem Sieb abtropfen lassen. In Stücke schneiden und in den Gemüsetopf rühren. Einige Blättchen für die Garnitur reservieren. Eintopf mit Salz, Cayennepfeffer, Zitronen- und Orangensaft abschmecken.

5. Das Weißbrot im Backofen knusprig rösten. Danach portionsweise in Suppentellern anrichten, den Eintopf darauf verteilen. Mit Spinatblättchen, Orangen- und Zitronenschnitzen garnieren.

Andalusischer Artischockentopf

Für 4 Personen

12 kleine, junge Artischocken
3 EL Olivenöl
1 Zwiebel, fein gehackt
3 Knoblauchzehen, fein gehackt
1300 ml Gemüsebrühe
$1/2$ TL Oregano
1 Zweigchen frische Minze oder
$1/4$ TL getrocknete Pfefferminze
400 g frische grüne, dicke
Bohnenkerne
300 g kleine Kartoffeln, halbiert
200 Tomaten, abgezogen, entkernt,
kleine Würfel (oder geschälte
Tomaten aus der Dose)
4 Frühlingszwiebeln, 1 cm dünne
Ringe
Salz, Pfeffer

1. Artischocken halbieren, die äußeren Blätter und das Heu (die feinen Härchen auf dem Artischockenboden) entfernen.

2. Olivenöl in einem Topf mit dickem Boden erhitzen. Die Zwiebeln darin glasig dünsten. Den Knoblauch hinzufügen, unter Rühren kurz anbraten. Mit Gemüsebrühe aufgießen, mit Oregano und Minze würzen.

3. Die Gemüsebrühe zum Kochen bringen. Bohnenkerne, Artischocken und Kartoffeln hinzufügen. Die Gemüse zugedeckt 20 Minuten köcheln. Tomaten und Frühlingszwiebeln hinzufügen, 5 Minuten köcheln. Den Eintopf mit Salz und Pfeffer abschmecken.

Mein Tip: In Andalusien trinkt man trockenen Sherry auch zum Essen. Kosten Sie ein Gläschen gut gekühlten Fino oder den leichteren Manzanilla zum Artischockentopf. – Salud!

Grün-Rot-Gelb:

Tomaten-Brokkoli-Topf mit Grießklößchen

Für 4 Personen

1 EL Olivenöl

1 EL Butter

1 kleine Zwiebel, fein gehackt

2 Knoblauchzehen, fein gehackt

1300 ml Gemüsebrühe

1/2 TL Thymian

1/2 TL Oregano

1 Lorbeerblatt

schwarzer Pfeffer aus der Mühle

300 g Brokkoli, sehr kleine Röschen

300 g Tomaten, abgezogen, entkernt, dünne Streifen

1 Rezept Grießklößchen (S. 13)

2 EL Basilikum, fein geschnitten

1. Olivenöl und Butter in einem Topf mit dickem Boden erhitzen. Zwiebeln darin glasig dünsten. Knoblauch dazugeben, kurz unter Rühren anrösten. Mit Gemüsebrühe aufgießen, mit Thymian, Oregano, Lorbeer und Pfeffer würzen. 5 Minuten köcheln.

2. Die Brokkoliröschen hinzufügen und zugedeckt 7 Minuten köcheln. Tomaten dazugeben, 1 Minute köcheln. Die gekochten Grießklößchen in den Topf geben. Mit Salz und Pfeffer abschmecken. Den Eintopf in einer Schüssel anrichten, mit Basilikum bestreuen.

Mein Tip: Statt der Grießklößchen können Sie auch zusammen mit den Brokkoliröschen kleine Kartoffelwürfel im Eintopf garen. Oder Sie servieren den Eintopf portionsweise mit knusprigen Käsecrostinis (S. 29). Auch überbackene Polentastäbchen (S. 13) passen hervorragend dazu.

Sahniger Frühlingstopf mit Zuckererbsen und Spargel

Für 4 Personen

2 EL Butter
1 kleine Zwiebel, fein gehackt
1200 ml Gemüsebrühe
abgeriebene Schale von
1/4 unbehandelter Zitrone
300 g Karotten, dünne Scheiben
oder Babykarotten
250 g weißer Spargel,
2 cm lange Stücke
250 g grüner Spargel,
2 cm lange Stücke
100 g Zuckererbsenschoten
Salz
Pfeffer
100 ml Sahne
2 Eigelb
1 kleiner Bund Kerbel,
fein gehackt

1. Butter in einem Topf mit dickem Boden schmelzen. Zwiebeln darin glasig dünsten. Mit Gemüsebrühe aufgießen, mit Zitronenschale würzen. Gemüsebrühe zum Kochen bringen.

2. Karotten und Spargel hinzufügen, zugedeckt etwa 10 Minuten köcheln. Die Erbsenschoten dazugeben, mit Salz und Pfeffer abschmecken, zugedeckt 3 Minuten köcheln. Die Gemüse sollen weich sein, aber noch einen leichten Biß haben. Den Eintopf vom Herd nehmen.

3. Etwa 100 g Karotten aus dem Topf fischen und mit Sahne und Eigelb fein pürieren. Die Karottencreme in eine Servierschüssel gießen. Zuerst einige Eßlöffel der heißen Kochflüssigkeit vorsichtig unterrühren, dann nach und nach den gesamten Eintopf dazugießen. Kerbel unterrühren, sofort servieren.

Mein Tip: Wenn Sie sich das Spargelschälen ersparen wollen, dann verwenden Sie für diesen Eintopf nur grünen Spargel.

Pilzvergnügen mit Semmelknödelchen

Für 4 Personen

2 EL Butter
1 Zwiebel, fein gehackt
2 EL Petersilie, fein gehackt
1 EL Mehl
1 kg Pilze (Steinpilze, Champignons, Pfifferlinge), dünne Scheiben
Salz
schwarzer Pfeffer aus der Mühle
3 EL trockener Weißwein
$1/4$ TL Thymian
1 Lorbeerblatt
3 EL Crème fraîche
1 Rezept Semmelknödelchen (S. 13)

1. Butter in einem großen, flachen Topf mit dickem Boden schmelzen. Zwiebeln darin glasig dünsten, Petersilie unterrühren, kurz andünsten. Mehl dazugeben und unter Rühren kurz erhitzen.

2. Die Pilze hinzufügen, unter Rühren 3 Minuten braten, mit Salz und Pfeffer würzen. Mit Weißwein aufgießen, Thymian und Lorbeerblatt hinzugeben. Den Pilztopf zum Kochen bringen und zugedeckt 8 Minuten köcheln.

3. Crème fraîche unterrühren, nochmals kurz aufkochen. Mit Salz, Pfeffer und Weißwein abschmecken. Pilztopf portionsweise mit kleinen Semmelknödeln anrichten.

Mein Tip: Wenn Sie den Eintopf mit gezüchteten Champignons zubereiten: Kochen sie 30 g getrocknete, eingeweichte Steinpilze mit. Das bringt den »wilden« Pilzgeschmack ins Essen, der den Zuchtpilzen fehlt.

Kraut und Rüben auf russische Art:

Borschtsch

Für 4 Personen

30 g getrocknete Steinpilze
2 EL Öl
1 Zwiebel, fein gehackt
1 l Gemüsebrühe
1 Lorbeerblatt
1 Prise Muskat
1 TL Liebstöckel
1/2 TL Rosenpaprika
3 Knoblauchzehen, fein gehackt
200 g rote Bete, 1 cm dicke Stücke
200 g Karotten, 1 cm dicke Scheiben
100 g Sellerie, 1 cm dicke Stücke
200 g Kartoffeln, 1 cm dicke Scheiben
200 g Weißkraut, 1 cm breite Streifen
Salz
Pfeffer
1 EL Zitronensaft
2 EL Dill, fein gehackt
200 g saure Sahne

1. Die Steinpilze in 200 ml kaltem Wasser 15 Minuten einweichen. In ein feines Sieb abgießen, das Einweichwasser auffangen. Die Pilze in kleine Stücke schneiden.

2. Öl im Schnellkochtopf erhitzen. Die Zwiebeln darin glasig dünsten. Mit Gemüsebrühe aufgießen, mit Lorbeerblatt, Muskat, Liebstöckel und Rosenpaprika würzen. Die Brühe zum Kochen bringen.

3. Knoblauch, Gemüse, Steinpilze und Einweichwasser dazugeben. Mit Salz und Pfeffer würzen. Den Schnellkochtopf verschließen, den Eintopf unter Druck 3 Minuten kochen. Topf öffnen, Suppe im geöffneten Topf noch 1 Minute köcheln. (Im normalen Topf beträgt die Garzeit 15 Minuten).

4. Kraut und Rüben mit Zitronensaft, Salz und Pfeffer abschmecken, mit Dill bestreuen. Saure Sahne dazu reichen.

Mein Tip: In Rußland werden zum Borschtsch Piroggen gegessen, kleine Pastetchen aus Hefeteig mit einer Füllung aus Lauch und Pilzen oder der beliebten Quark-Käse-Mischung.

Kreolischer Gumbo

Für 4 Personen

4 EL Olivenöl

40 g Mehl

1 Zwiebel, fein gehackt

3 Knoblauchzehen, fein gehackt

1–2 grüne Chilischoten, fein gehackt

2 EL Sojasauce

1 EL Tomatenmark

1 TL Rosenpaprika

2 rote Paprika, kleine Würfel

2 Stiele Stangensellerie, kleine Würfel

200 geschälte Tomaten aus der Dose, kleine Stücke

1 l Gemüsebrühe

1 TL Oregano

$^1\!/_2$ TL Thymian

1 Lorbeerblatt

1 kleine Gurke, dünne Scheiben

Salz

200 g tiefgefrorene Maiskörner

1 EL Zitronensaft

1 Prise Chilipulver

1 EL Petersilie oder frischer Koriander, fein gehackt

1. Öl in einem flachen Topf mit dickem Boden erhitzen. Mehl einrühren. Unter Rühren langsam anrösten, bis sich die Mehlschwitze hellbraun färbt und angenehm duftet. (Vorsicht, die Mehlschwitze darf nicht dunkelbraun werden, sonst wird die Sauce bitter.)

2. Zwiebeln, Knoblauch und Chilischote hinzufügen, unter Rühren anbraten. Mit Sojasauce ablöschen. Tomatenmark, Paprikapulver, Paprikawürfel und Sellerie hinzufügen, unter Rühren kurz erhitzen. Tomaten dazugeben. Mit Gemüsebrühe aufgießen, mit Oregano, Thymian und Lorbeerblatt würzen. Die Sauce glattrühren, 15 Minuten köcheln lassen.

3. Gurkenscheiben unterrühren, mit Salz abschmecken. Zugedeckt 5 Minuten köcheln. Mais hinzufügen, 2 Minuten köcheln. Gumbo mit Zitronensaft, Chilipulver und Salz abschmecken. Mit Petersilie und Koriander bestreut servieren.

Mein Tip: Und zum Nachtisch Erdbeeren mit Rum, ein Dessert aus New Orleans: 500 g Erdbeeren (halbiert) und 1 Mango (kleine Stücke) mit 2–3 EL braunem Zucker und 2 EL braunem Rum vermischen, etwas durchziehen lassen. Mit Schlagsahne servieren.

Chinesischer Reistopf mit Sekundengemüse

Für 2 Personen

500 ml Gemüsebrühe, schwach
gesalzen
100 g gekochter Reis
$^1/_2$ TL Ingwer, frisch gerieben
1 EL Sojasauce
3 EL Sherry (Medium) oder Reiswein
1 Prise Chilipulver
100 g Karotten, streichholzgroße
Stifte oder grob gerieben
50 g Sellerie, streichholzgroße Stifte
oder grob gerieben
50 g Kohlrabi, streichholzgroße Stifte
oder grob gerieben
2 EL Petersilienwurzel, fein gehackt
oder fein gerieben
2 Frühlingszwiebeln, feine Ringe
1 EL frischer Koriander oder
Petersilie, fein gehackt

1. Gemüsebrühe zum Kochen bringen. Den Reis dazugeben und zugedeckt 5 Minuten köcheln. Mit Ingwer, Sojasauce, Sherry und Chilipulver würzen.

2. Karotten, Sellerie, Kohlrabi und Petersilienwurzel unterrühren. Das Gemüse 30 Sekunden ziehen lassen. Reistopf sofort vom Herd nehmen.

3. Mit Sojasauce, Sherry und Chilipulver abschmekken, mit Frühlingszwiebeln und Koriander oder Petersilie bestreuen.

Mein Tip: Einige Champignons in hauchdünne Scheibchen schneiden und 30 Sekunden mitköcheln. Kleine marinierte Tofuwürfelchen dazugeben. Ganz zum Schluß fein geschnittene Salat- oder Spinatblättchen in die Suppe rühren.

Für den Nikolaus:

Weißkraut, Lauch, Pilze und Kartoffeln mit Dillcreme

Für 4 Personen

30 g getrocknete Steinpilze
1 EL Butter
1 EL Öl
1 Zwiebel, fein gehackt
3 Knoblauchzehen, fein gehackt
300 g Weißkraut, 1 cm breite Streifen
300 g Kartoffeln, 1 cm dicke Scheiben
Salz
1 l Gemüsebrühe
1 Nelke
1 Lorbeerblatt
1 gute Prise Muskat
schwarzer Pfeffer aus der Mühle
200 g Lauch, längs halbiert,
2 cm breite Streifen
200 g Champignons, dünne Scheiben
200 g Sauerrahm
2 EL Dill, fein gehackt

1. Die Steinpilze in 100 ml kaltem Wasser 30 Minuten einweichen, abgießen und das Einweichwasser auffangen. Steinpilze kleinschneiden.

2. Butter und Öl in einem Topf mit dickem Boden erhitzen. Zwiebeln darin zuerst glasig dünsten, dann goldgelb braten. Knoblauch, Weißkraut und Kartoffeln dazugeben, leicht salzen, unter Rühren 3 Minuten anbraten.

3. Mit Gemüsebrühe aufgießen, mit Nelke, Lorbeerblatt, Muskat und Pfeffer würzen. 8 Minuten köcheln. Lauch, frische und eingeweichte Pilze mit der Einweichflüssigkeit dazugeben. 6 Minuten köcheln.

4. Den Eintopf vom Herd nehmen. Etwa 100 g Kartoffelscheiben aus dem Topf fischen und zusammen mit dem Sauerrahm mit dem Mixstab fein pürieren. Kartoffelrahm und Dill in den Eintopf rühren. Mit Salz, Pfeffer und Muskat abschmecken.

Wildkräuterwürziges:

Aus dem Hexenkessel

Für 4 Personen

1 EL Butter
1 EL Olivenöl
1 Zwiebel, fein gehackt
300 g Kartoffeln, $^1/_2$ cm dicke
Scheiben
200 g Karotten, kleine Würfel
1300 ml Gemüsebrühe
1 Prise Muskat
1 Nelke
schwarzer Pfeffer aus der Mühle
500 g weißer Spargel, 3 cm lange
Stücke
2 Tomaten, abgezogen, Kerne
entfernt, kleine Stücke
50 g Wildkräuter (z. B. Bärlauch,
Girsch, Löwenzahn, Brennessel-
spitzen, Brunnenkresse, Kerbel,
Minze, Sauerampfer), fein geschnitten

1. Butter und Öl in einem Topf mit dickem Boden erhitzen. Die Zwiebeln darin zuerst glasig dünsten, dann goldgelb anbraten. Kartoffeln dazugeben, leicht salzen, unter Rühren anbraten.

2. Karotten dazugeben, kurz unter Rühren anbraten. Mit Gemüsebrühe aufgießen, mit Muskat, Nelke und Pfeffer würzen. Zum Kochen bringen. Spargel hinzufügen 10 Minuten köcheln. Tomaten hinzufügen, 3 Minuten köcheln.

3. Den Hexenkessel vom Herd nehmen, Kräuter unterrühren, mit Salz und Pfeffer abschmecken.

Mein Tip: So kommt noch mehr Spargelgeschmack ans Essen: Spargelschalen mit der Gemüsebrühe aufkochen und einige Minuten simmern lassen. Die Brühe durch ein Sieb abgießen und für den Hexenkessel verwenden.

Pyrenäentopf

Für 4 Personen

1 kleiner Wirsing (ca. 400 g)
1 Zwiebel, halbiert, feine Scheiben
2 Knoblauchzehen, fein gehackt
200 g Karotten, längs geviertelt,
5 cm lange Stücke
200 g mittlere Kartoffeln, geviertelt
100 g Sellerie, große Stücke
2 geschälte Tomaten aus der Dose,
1 cm breite Streifen
Salz
Pfeffer
1/2 TL Thymian
1 Lorbeerblatt
4 EL Olivenöl
1 l Gemüsebrühe

Kartoffel-Aioli:
2 Knoblauchzehen
1 Eigelb
1 TL Zitronensaft
100 ml Olivenöl
Salz
Pfeffer

1. Den Wirsing in 6 gleich große Schnitze schneiden. Damit die Blätter nicht auseinanderfallen, den Strunk dabei nicht entfernen.

2. Wirsing in einen ofenfesten Topf (am besten aus Gußeisen oder Ton) geben. Das restliche Gemüse zwischen und auf dem Wirsing verteilen. Gemüse mit Salz und Pfeffer würzen. Mit Thymian und Lorbeerblatt bestreuen.

3. Das Gemüse mit Olivenöl und heißer Brühe begießen. Gut zugedeckt im vorgeheizten Ofen bei 220 °C 75–90 Minuten garen.

Kartoffel-Aioli:
1. 1/2 gekochte Kartoffel aus dem Topf nehmen. Mit der Gabel fein zerdrücken. Den Knoblauch fein hacken oder im Mörser fein zerstoßen. Mit dem Handrührgerät Kartoffel, Knoblauch, Eigelb und Zitronensaft glattrühren.

2. Das Öl nach und nach unterrühren. Die Aioli mit Salz und Pfeffer abschmecken. Aioli zum Eintopf reichen.

Florentiner Topf

Für 2–3 Personen

1 EL Butter
1 EL Olivenöl
1 große Zwiebel, feine Ringe
2 Knoblauchzehen, fein gehackt
300 g Kartoffeln, kleine Würfel
Salz
700 ml Gemüsebrühe
$^{1}/_{2}$ TL Oregano
1 Prise Muskat, frisch gerieben
200 g Spinat oder
tiefgekühlter Blattspinat
2 Tomaten, abgezogen, entkernt,
kleine Würfel (oder geschälte
Tomaten aus der Dose)
Salz
Pfeffer
2–3 Eier
2 EL Basilikum, fein geschnitten
100 g Parmesan, frisch gerieben

1. Butter und Olivenöl in einem Topf erhitzen. Zwiebeln darin glasig dünsten, dann unter Rühren goldgelb braten. Knoblauch und Kartoffeln hinzufügen, leicht salzen, unter Rühren 2 Minuten braten.

2. Mit Gemüsebrühe aufgießen. Mit Oregano und Muskat würzen. Den Eintopf zugedeckt 10 Minuten köcheln, bis die Kartoffeln weich sind.

3. Den tropfnassen Spinat mit wenig Salz in einen großen Topf geben, zugedeckt bei guter Hitze in 2 Minuten zusammenfallen und in einem Sieb abtropfen lassen. Spinat in mundgerechte Stücke schneiden. (Tiefgekühlten Spinat antauen, in Stücke schneiden.)

4. Tomaten und Spinat in den Eintopf rühren, mit Salz und Pfeffer abschmecken. Die Eier vorsichtig aufschlagen, in den Eintopf gleiten lassen. Noch 2–3 Minuten köcheln. Florentiner Topf mit Basilikum bestreut servieren. Parmesan dazu reichen.

Mein Tip: Es muß nicht immer Parmesan sein, wenn geriebener Käse gefragt ist. Kosten Sie einmal den kräftigen Pecorino, eine Käsespezialität aus der Toscana.

Japanischer Wintertopf

Für 4 Personen

Herzhaft und sättigend. Empfehlenswert ist unpasteurisiertes Miso, denn es enthält noch die lebenden Milchsäurebakterien, und diese wirken nachweislich wohltuend auf die Gesundheit. Damit diese lebenden Mikroorganismen nicht zerstört werden, das aufgelöste Miso nie in den kochenden Eintopf rühren. Miso und vitaminreiche, getrocknete Wakame gibt es in asiatischen Lebensmittelläden und Naturkostgeschäften.

20 cm getrocknete Wakame-Alge
3 – 4 EL Reis- oder Gerstenmiso
(60 – 80 g)
2 EL Öl
1 Zwiebel, feine Ringe
600 ml Gemüsebrühe
1 TL Ingwer
200 g Kartoffeln,
1/2 cm dicke Scheiben
200 g Karotten, 1/2 cm dicke Scheiben
200 g Lauch, längs halbiert,
3 cm lange Streifen
100 g weißer Rettich, längs halbiert,
1/2 cm dicke Scheiben
50 g Mungsprossen (Sojasprossen)
1 Frühlingszwiebel, feine Ringe
1 EL geröstete Sesamkörner

1. Wakame 5 Minuten in kaltem Wasser einweichen, abgießen, abtropfen lassen und in mundgerechte Stücke schneiden. Miso mit 5 Eßlöffel kaltem Wasser zu einer glatten Creme verrühren.

2. Das Öl in einem flachen Topf mit dickem Boden erhitzen. Zwiebeln darin unter Rühren kurz anbraten. Mit Gemüsebrühe und 500 ml Wasser aufgießen, mit Ingwer würzen.

3. Kartoffeln, Karotten, Lauch und Rettich hinzufügen. Zugedeckt 10 Minuten köcheln. Die Gemüse sollen weich sein und trotzdem noch Biß haben. Sojasprossen unterrühren, 1 Minute köcheln. Den Eintopf vom Herd nehmen.

4. Misocreme und Wakame einrühren. Den Wintertopf mit Frühlingszwiebeln und Sesam bestreut servieren.

Die zweite Entdeckung des Christoph Kolumbus:

Aztekentopf

200 g gekochte Kidneybohnen (rote
Bohnen aus der Dose)
2 EL Öl
1 Zwiebel, feine Ringe
3 Knoblauchzehen, fein gehackt
1–2 grüne Chilischoten, fein gehackt
$1/2$ TL Cumin
$1/2$ TL Koriander
1 rote Paprika, 1 cm dünne Streifen
200 g Kartoffeln, kleine Würfel
Salz
1 l Gemüsebrühe
1 Nelke
$1/2$ TL Oregano
1 Lorbeerblatt
abgeriebene Schale von $1/4$ unbehandelter Limone oder Zitrone
200 g Kürbis (mit orangefarbenem
Fruchtfleisch), Würfel
3 Tomaten, abgezogen, entkernt,
Würfel
1 EL Limonen- oder Zitronensaft
1 reife Avocado, feine Schnitze
1–2 EL frischer Koriander, fein
gehackt
einige Limonenscheiben

1. Bohnen in ein Sieb geben, mit kaltem Wasser gut abspülen, abtropfen lassen. Öl in einem flachen Topf mit dickem Boden erhitzen. Zwiebeln darin zuerst glasig dünsten, dann unter Rühren goldgelb braten.

2. Knoblauch, Chilischote, Cumin und Koriander dazugeben, unter Rühren kurz anrösten. Paprika und Kartoffeln dazugeben, leicht salzen, unter Rühren 2 Minuten anbraten. Mit Gemüsebrühe aufgießen, mit Nelke, Oregano, Lorbeerblatt und Limonenschale würzen.

3. Die Brühe zum Kochen bringen. Kürbis dazugeben, 12 Minuten köcheln. Die Gemüse sollen weich sein, dürfen aber nicht zerfallen. Tomaten und Bohnen unterrühren, 3 Minuten köcheln.

4. Den Eintopf vom Herd nehmen, mit Limonensaft und Salz abschmecken. Portionsweise anrichten, mit Avocadoschnitzen, frischem Koriander und Limonenscheiben garnieren.

Mein Tip: Zum Aztekentopf knusprige Tortilla-Chips und Salsa (S. 79) reichen.

Bohnen mit Mole

Für 4 Personen

Das Kakaopulver gibt Mole, einer typisch mexikanischen Sauce, den besonderen Pfiff.

300 g Wachtelbohnen, 6 Stunden
eingeweicht
4 EL Olivenöl
1 Zwiebel, fein gehackt
2 Knoblauchzehen, fein gehackt
1–2 grüne Chilischoten, fein gehackt
1 TL Cumin
1 TL Koriander
1 TL Oregano
600 g Tomaten, abgezogen, Stücke
(oder geschälte Tomaten aus der
Dose)
$^1/_2$ EL reines Kakaopulver
$^1/_2$ TL Honig
1–2 TL Gemüsebrühe (Instant)
200 g Sauerrahm
12 schwarze Oliven
1 EL frischer Koriander, fein gehackt

1. Die Bohnen abgießen und abtropfen lassen. Mit 1,5 l kaltem Wasser und 1 Eßlöffel Olivenöl zum Kochen bringen, 1 Stunde weich köcheln (im Schnellkochtopf 20 Minuten).

2. Das restliche Olivenöl in einem ofenfesten Topf mit dickem Boden erhitzen. Zwiebeln darin glasig dünsten, dann unter Rühren goldgelb braten. Knoblauch, Chilischote, Cumin, Koriander und Oregano hinzufügen. Unter Rühren kurz anbraten.

3. Tomaten, Kakaopulver und Honig dazugeben, unter Rühren etwas einkochen. Die Bohnen samt 600 ml Kochwasser hinzufügen, mit Gemüsebrühe würzen. Die Bohnen zugedeckt im Ofen bei 180 °C 30 Minuten backen.

4. Den Bohneneintopf portionsweise mit Sauerrahm, schwarzen Oliven und frischem Koriander garniert servieren. Tortillas dazu reichen.

Grüne und weiße Bohnen mit Pesto

Für 4 Personen

100 g weiße Bohnen, 6 Stunden
eingeweicht (oder 300 g abgetropfte
weiße Bohnen aus der Dose)
3 EL Olivenöl
1 Zwiebel, feine Ringe
300 g Kartoffeln, Würfel
400 g grüne Bohnen, 3 cm lange
Stücke
2 – 3 TL Gemüsebrühe (Instant)
1 Lorbeerblatt
1 Zweigchen Bohnenkraut
schwarzer Pfeffer aus der Mühle
Salz

Pesto:
3 EL Pinienkerne
8 EL Olivenöl
1 Bund Basilikum, fein geschnitten
2 Knoblauchzehen, gepreßt
50 g Parmesan, fein gerieben
schwarzer Pfeffer aus der Mühle
Salz

1. Die abgetropften Bohnenkerne mit 1400 ml kaltem Wasser und 1 Eßlöffel Öl zum Kochen bringen. Zugedeckt in 1 Stunde weich köcheln (im Schnellkochtopf 20 Minuten).

2. Das restliche Öl in einem Topf mit dickem Boden erhitzen. Zwiebeln darin zuerst glasig dünsten, dann unter Rühren goldgelb braten. Kartoffeln und grüne Bohnen dazugeben, leicht salzen, unter Rühren 3 Minuten anbraten.

3. Weiße Bohnen samt 1300 ml Kochflüssigkeit hinzufügen. (Falls Sie Bohnen aus der Dose verwenden, die abgetropften Bohnen mit 1300 ml Wasser hinzufügen.) Den Eintopf mit Instant-Gemüsebrühe, Lorbeerblatt, Bohnenkraut und Pfeffer würzen. 15 – 20 Minuten köcheln. Mit Salz abschmecken.

4. Für das Pesto die Pinienkerne mit Olivenöl im Mixer fein pürieren. Basilikum, Knoblauch und Parmesan unterrühren, mit Salz und Pfeffer abschmecken. Pesto zum Eintopf reichen.

Marokkanischer Topf

Für 6 Personen

100 g Kichererbsen, über Nacht
eingeweicht
(oder 300 g abgetropfte Kichererbsen
aus der Dose)
4 EL Olivenöl
1 große Zwiebel, feine Ringe
4 Knoblauchzehen, fein gehackt
1 TL Cumin
1 TL Koriander
1/4 TL Zimt
200 g Auberginen, Würfel
1 gelbe Paprika, breite Streifen
200 g grüne Bohnen,
3 cm lange Stücke
200 g Karotten, 1 cm dünne Scheiben
1 TL Rosenpaprika
300 g Tomaten, abgezogen, Stücke
(oder geschälte Tomaten aus
der Dose)
2 – 3 TL Gemüsebrühe (Instant)
1 Zweigchen frische Minze oder
1/4 TL getrocknete Pfefferminze
1 kleine Dose Safran
1 Prise Chilipulver

1. Kichererbsen abgießen, abtropfen lassen. Mit
1 Liter Wasser zum Kochen bringen, in 1 – 2 Stunden
weich kochen. (Im Schnellkochtopf 50 Minuten.)
(Kichererbsen aus der Dose abtropfen lassen, mit
1 Liter Wasser vermischen.)

2. Öl in einem Topf mit dickem Boden erhitzen.
Zwiebel darin goldgelb braten. Knoblauch, Cumin,
Koriander und Zimt dazugeben, unter Rühren kurz
anrösten. Auberginen, Paprika, Bohnen und Karotten
dazugeben, leicht salzen, unter Rühren 3 Minuten
braten.

3. Rosenpaprika, Tomaten und die Kichererbsen
samt Kochwasser dazugeben. Mit Gemüsebrühe.
Minze, Safran und Chilipulver würzen. 20 Minuten
köcheln.

Mein Tip: Dazu Couscous, die körnige marokkani-
sche Weizengrießspezialität essen. Couscous wird in
einem Sieb über Wasserdampf gegart – eine pro-
blemlose Zubereitungsart.

Linsengericht mit Paprika

Für 4 Personen

Sie kennen sicher die Geschichte des teuersten Linsengerichtes aller Zeiten. Seine ganze, wohl nicht unbeträchtliche Erbschaft war einem Feinschmecker vor mehr als 2000 Jahren ein herzhafter Eintopf wert. Heute gehören Linsen zu den preiswerteren Gerichten, aber köstlich sind sie nach wie vor.

6 große grüne Paprika
300 g Linsen
1 Zwiebel, fein gehackt
3 Knoblauchzehen, fein gehackt
1 TL Ingwer, fein gehackt
$1/2$ TL Curcuma
$1/2$ TL Cumin
$1/2$ TL Koriander
3 EL Olivenöl
2 geschälte Tomaten aus der
Dose, Stücke
1 gute Prise Chilipulver
1 EL Petersilie, fein gehackt
1 l Wasser
2 – 3 TL Gemüsebrühe (Instant)
2 TL Zitronensaft

1. Die ganzen Paprika im vorgeheizten Ofen 20 Minuten backen, bis die Haut sich schwarzbraun verfärbt und Blasen wirft. Paprikaschoten in einer Plastiktüte etwas abkühlen lassen. Die Haut abziehen, Stengel und Kerne entfernen. Paprika in 2 cm breite Streifen schneiden.

2. Linsen, Zwiebeln, Knoblauch, Ingwer, Curcuma, Cumin, Koriander, Öl, Tomaten, Chilipulver, Petersilie mit Wasser und 1 Teelöffel Gemüsebrühe im Schnellkochtopf zum Kochen bringen. Unter Druck etwa 10 Minuten kochen (im normalen Topf 20 – 30 Minuten). Die Linsen sollen noch etwas Biß haben.

3. Paprika und restliche Gemüsebrühe zu den Linsen geben und im offenen Topf noch 3 Minuten köcheln. Linseneintopf mit Zitronensaft abschmecken.

Gelbe Linsen mit Spinat

Für 4 Personen

*Frische Minze und Zitronensaft bringen ein ange-
nehmes Prickeln in diesen sättigenden Eintopf.*

2 EL Olivenöl
2 Zwiebel, fein gehackt
4 Knoblauchzehen, fein gehackt
200 g kleine, orange Linsen
1,3 l Wasser
1 Lorbeerblatt
2 kleine Stiele frische Minze
200 g Spinat oder tiefgekühlter
Blattspinat
2–3 TL Gemüsebrühe
1 TL Liebstöckel
etwas Schale von 1 unbehandelten
Zitrone
Pfeffer
einige Minzeblättchen, fein
geschnitten
1$\frac{1}{2}$ EL Zitronensaft
200 g Naturjoghurt

1. Olivenöl in einem Topf erhitzen, Zwiebeln und
Knoblauch darin bei mäßiger Hitze goldgelb braten.
Ab und zu umrühren. Linsen, Wasser, Lorbeerblatt
und Minzstiele dazugeben. Die Linsen zum Kochen
bringen und nicht ganz zugedeckt 30 Minuten
köcheln. Die Linsen sollen fast zerfallen sein.

2. Den tropfnassen Spinat mit wenig Salz in einen
großen Topf geben, zugedeckt bei guter Hitze in
2 Minuten zusammenfallen und in einem Sieb
abtropfen lassen. Spinat in mundgerechte Stücke
schneiden. (Tiefgekühlten Spinat antauen und in
Stücke schneiden.)

3. Den Linsentopf mit Gemüsebrühe, Liebstöckel,
Zitronenschale und Pfeffer würzen. Spinat unterrühren, 2 Minuten köcheln. Den Eintopf vom Herd
nehmen, mit gehackter Minze und Zitronensaft
abschmecken. Joghurt dazu reichen.

Mein Tip: Wenn Sie keine frische Minze haben, den
Eintopf mit einer Prise getrockneter, fein zerriebener
Pfefferminze würzen.

Kichererbsen mit Tomaten und Aprikosen

Für 4 Personen

Ein griechischer Eintopf, dem man die Nähe zum Orient anschmeckt: die typische Mischung von angenehm süßsäuerlichen und feurig pikanten Aromen.

250 g Kichererbsen, über Nacht eingeweicht (oder 700 g Kichererbsen aus der Dose)
100 ml Olivenöl
1 Zwiebel, fein gehackt
4 Knoblauchzehen, fein gehackt
1 TL Cumin
1 Prise Zimt
1 Prise Chilipulver
150 g getrocknete, ungeschwefelte Aprikosen, kleine Stücke
500 g Tomaten, abgezogen, kleine Stücke (oder geschälte Tomaten aus der Dose)
Salz
2 – 3 TL Gemüsebrühe (Instant)
1 EL Zitronensaft
1 EL Petersilie oder frischer Koriander, fein gehackt
200 g Naturjoghurt

1. Die eingeweichten Kichererbsen abgießen, abtropfen lassen. Mit 2000 ml kaltem Wasser zum Kochen bringen, zugedeckt in 1 – 2 Stunden weich kochen (im Schnellkochtopf 50 – 60 Minuten). Kichererbsen abgießen, abtropfen lassen. Kochwasser auffangen.

2. Olivenöl in einer Pfanne erhitzen, Zwiebeln zuerst glasig dünsten, dann goldgelb anbraten. Knoblauch, Cumin, Zimt und Chilipulver dazugeben, unter Rühren kurz anrösten. Kichererbsen, Tomaten und Aprikosen dazugeben, leicht salzen. Unter Rühren 6 Minuten bei guter Hitze braten, bis die Tomaten zu einer dicken Sauce eingekocht sind.

3. Kichererbsen mit 800 ml Kochwasser aufgießen, mit Gemüsebrühe würzen. Zugedeckt köcheln, bis die Aprikosen weich sind. Die Kichererbsen sollen von einer sämigen Sauce umgeben sein. Mit Zitronensaft, Salz und Chilipulver abschmecken, mit Petersilie garniert servieren. Joghurt dazu reichen.

Wiener Bohnengulasch

Für 4 Personen

300 g weiße Bohnen, 6 Stunden
eingeweicht
1 Lorbeerblatt
3 EL Öl
1 Zwiebel, fein gehackt
1 Knoblauchzehe, fein gehackt
1 EL Mehl
3 TL Paprika, edelsüß
1 TL Kümmel
3 EL Tomatenmark
1 Prise Chilipulver
1–2 TL Gemüsebrühe (Instant)
1 TL Sherryessig
Salz
150 g Sauerrahm (10 % Fett)

1. Die Bohnen in ein Sieb abgießen, abtropfen
lassen, mit 1 Liter kaltem Wasser und dem Lorbeerblatt zum Kochen bringen. Bohnen zugedeckt in
1 Stunde weich kochen (im Schnellkochtopf
20 Minuten). Bohnen in ein Sieb abgießen, Kochwasser auffangen.

2. Öl in einem flachen Topf mit dickem Boden
erhitzen. Zwiebeln und Knoblauch darin unter
Rühren goldgelb braten. Mit Mehl bestäuben, kurz
unter Rühren anrösten. Paprikapulver, Kümmel,
Tomatenmark und Chilipulver dazugeben, kurz
unter Rühren erhitzen.

3. Mit 700 ml Kochwasser aufgießen, die Sauce
glattrühren. Mit Gemüsebrühe würzen, 10 Minuten
zugedeckt köcheln. Die Bohnen untermischen.
Das Bohnengulasch noch 5 Minuten bei milder
Hitze köcheln. Mit Essig, Salz und Chilipulver abschmecken. Sauerrahm dazu reichen.

Mein Tip: Das gibt Energie! Mit Vollkornbrot und
Salat ein eiweiß- und vitaminreiches Hauptgericht.
Eignet sich zum Wiederaufwärmen und zum Ein-
frieren.

Unter dem Vulkan:

Eine mexikanische Leibspeise

Für 4 Personen

Bohnen, schwarz wie erkaltete Lava, Salsa, brennend heiß wie das Feuer und sonnengelbe Maistortillas – das mexikanische Essen par excellence.

300 g schwarze Bohnen,
6 Stunden eingeweicht
1 Zwiebel, fein gehackt
1 l kaltes Wasser
3 EL Öl
1 TL Oregano
Salz

Salsa:
300 g Tomaten, kleine Stücke
3 Chilischoten, fein gehackt
$^1/_4$ Zwiebel, fein gehackt
1 Knoblauchzehe, fein gehackt
1 TL Limonensaft
$^1/_2$ TL Oregano
$^1/_4$ TL Cumin
Salz

außerdem:
8 Tortillas

1. Die Bohnen abgießen, abtropfen lassen. Mit Zwiebeln, Wasser, Öl und Oregano zum Kochen bringen. Etwa 1–1$^1/_2$ Stunden köcheln, bis die Bohnen weich sind (im Schnellkochtopf 20 Minuten). Den Eintopf mit Salz abschmecken.

2. Alle Zutaten für die Salsa vermischen. Tortillas in einer trockenen Pfanne auf beiden Seiten kurz erhitzen. Zum Warmhalten in ein Küchentuch wickeln. Tortillas und Salsa zu den Bohnen reichen.

Mein Tip: Übriggebliebene Bohnen werden in Mexiko zu den beliebten Refritos verarbeitet. Die aufgebratenen Bohnen schmecken besonders gut zum Frühstück mit Spiegeleiern, Tortillas und üppig Salsa. Refritos: 2 Eßlöffel Öl in einer großen Pfanne erhitzen. 1 kleingeschnittene Zwiebel darin anbraten. Bohnen nach und nach dazugeben, unter Rühren braten, bis die Bohnen von einer sehr dicken, cremigen Sauce umgeben sind.

Südliches aus dem Backofen

Für 4 Personen

Knoblauchbrühe:

3 Knoblauchzehen, fein gehackt
1/2 Bund Petersilie, fein gehackt
1 Bund Dill, fein gehackt
1/2 TL Thymian
15 schwarze Oliven, gehackt
1/2 l Gemüsebrühe
4 EL Olivenöl
Pfeffer

Eintopf:

1 EL Olivenöl
200 g Auberginen, 1/2 cm dünne Scheiben
1 große Zwiebel, feine Ringe
250 g große weiße Bohnen
(selbst gekocht oder aus der Dose)
1 gelbe Paprikaschote,
1 cm breite Streifen
2 Stiele Stangensellerie,
1 cm große Stücke
Salz
500 g Tomaten, dünne Scheiben

1. Für die Knoblauchbrühe alle Zutaten verrühren.

2. Einen feuerfesten Tontopf mit Olivenöl ausstreichen. Die Hälfte der Auberginen, Zwiebeln, Bohnen, Paprikaschoten und Stangensellerie einschichten, das Gemüse leicht mit Salz würzen, mit der Hälfte der Tomatenscheiben abdecken. Mit der Hälfte der Knoblauchbrühe übergießen. Mit dem restlichen Zutaten genauso verfahren.

3. Den Topf mit einem gut sitzenden Deckel verschließen. Den Eintopf im Ofen bei 200 °C 1 1/2 Stunden garen.

Mein Tip: Hervorragend schmeckt dazu Fladenbrot mit pikanter Schafskäsecreme: 200 g Schafskäse fein reiben, mit 100 g Joghurt und 1 gehackten Knoblauchzehe vermischen. Die Creme mit Pfeffer, frischer Minze oder Oregano abschmecken.

Thailändischer Nudeltopf mit Limonen, Kokosnuß, Champignons und Spinat

Für 4 Personen

200 g Glasnudeln (Vermicelli)
1300 ml Gemüsebrühe
2–3 EL Kokospaste
dünn abgeschnittene Schale von
1 unbehandelten Limone
1 TL Ingwer, fein gehackt
2 Knoblauchzehen, fein gehackt
1/2 TL Cumin
1/2 TL Koriander
1/2 Tl Curcuma
1/4 TL Rosenpaprika, edelsüß
1 Prise Chilipulver
500 g kleine Champignons
150 g Spinat (oder tiefgekühlter
Blattspinat)
Salz
1 EL Limonensaft
2 Frühlingszwiebeln, feine Ringe
1 EL frischer Koriander, fein gehackt
einige Limonenscheiben

1. Die Glasnudeln mit der Schere in 10 cm lange Stücke schneiden. In reichlich kaltem Wasser 5 Minuten einweichen, abgießen, gut abtropfen lassen.

2. Die Gemüsebrühe mit Kokospaste, Limonenschale, Ingwer, Knoblauch, Cumin, Koriander, Curcuma, Rosenpaprika und Chilipulver zum Kochen bringen. Die Kokosbrühe 3 Minuten köcheln. Champignons dazugeben, zugedeckt 8 Minuten köcheln.

3. In dieser Zeit den tropfnassen Spinat mit etwas Salz in einen großen Topf geben, zugedeckt bei guter Hitze in 2 Minuten zusammenfallen und in einem Sieb abtropfen lassen. Spinat in mundgerechte Stücke schneiden. (Tiefgekühlten Spinat antauen.)

4. Die abgetropften Nudeln in die Gemüsebrühe geben und 1 Minute köcheln. Spinat dazugeben, 1/2 Minute köcheln. Nudeltopf vom Herd nehmen, mit Limonensaft, Salz und Chilipulver abschmecken. Portionsweise anrichten mit Frühlingszwiebeln, Koriander und Limonenscheiben garnieren.

Griechischer Hochzeitstopf

Für 4 Personen

150 g Suppennudeln
Salz
3 EL Olivenöl
1 Zwiebel, fein gehackt
4 Knoblauchzehen, fein gehackt
500 g Tomaten, abgezogen, kleine
Würfel
800 ml Gemüsebrühe
schwarzer Pfeffer aus der Mühle
1 Lorbeerblatt
$^{1}/_{2}$ TL Oregano
50 g junge Erbsen (tiefgekühlt)
1 TL Minze, fein gehackt
2 EL Petersilie, fein gehackt
3 hartgekochte Eier, dünne Scheiben

1. Nudeln in reichlich Salzwasser kernig kochen, abgießen, mit kaltem Wasser abschrecken, gut abtropfen lassen.

2. Olivenöl in einem Topf mit dickem Boden erhitzen. Zwiebeln darin unter Rühren in 5 Minuten goldgelb braten. Knoblauch und Tomaten dazugeben, leicht salzen, unter Rühren etwas einkochen.

3. Die Tomaten mit Gemüsebrühe aufgießen, mit Pfeffer, Lorbeerblatt und Oregano würzen. Zugedeckt 7 Minuten köcheln. Erbsen hinzufügen, 3 Minuten köcheln.

4. Nudeln unterrühren. Eintopf nochmals kurz erhitzen. Eintopf mit Minze, Petersilie und Eischeiben garniert servieren.

Mein Tip: Eintopf und Nachspeise, ein schnelles, feines Essen. Wir wär's zur Abwechslung mit Aprikosencreme: 400 g Aprikosen pürieren, durch ein Sieb streichen. Fruchtmus mit 250 g Mascarpone, 1 TL Zitronensaft, 1 EL Zucker, Naturvanille und Zimt vermischen.

Schwäbische Kartoffel- schnitz und Spätzle

Für 4 Personen

Ein beliebtes Samstagsessen aus meiner Kindheit. Und so werden die Kartoffelschnitz bei uns gegessen: Zuerst die Brühe, dann Spätzle und Kartoffeln mit einer großen Portion Kopfsalat.

Spätzle:
300 g Mehl
3 Eier
1 EL (gestrichen) Salz
^{1}/$_8$ Liter Wasser

Eintopf:
2 EL Butter
^{1}/$_4$ Zwiebel, fein gehackt
1 EL Petersilie, fein gehackt
400 g festkochende Kartoffeln, Schnitze
1^1/$_4$ l Gemüsebrühe
1 Prise Muskat

Spätzle:
1. Alle Zutaten zu einem glatten Teig verrühren (mit dem Rührlöffel oder mit dem Knethacken des Handrührgeräts). Den Teig 10 Minuten stehen lassen.

2. Den Teig portionsweise mit dem Spätzleshobel in leicht kochendes Salzwasser reiben. Die Spätzle sind fertig, sobald sie an die Wasseroberfläche steigen. Spätzle mit einem Schaumlöffel aus dem Wasser heben, in einem Sieb abtropfen lassen.

Eintopf:
1. Butter in einem Topf mit dickem Boden schmelzen. Zwiebeln und Petersilie darin andünsten. Kartoffeln und Gemüsebrühe hinzufügen, mit Muskat würzen.

2. Den Eintopf zum Kochen bringen und zugedeckt etwa 10 Minuten köcheln. Die Kartoffeln sollen weich sein, dürfen aber nicht zerfallen. Die Spätzle in den Eintopf rühren. Nochmals kurz erhitzen.

Chinesische Nudelspeise mit Tofuklößchen

Für 4 Personen

200 g Udon-Nudeln oder Spaghetti
Salz
1300 ml Gemüsebrühe
1 TL Ingwer, fein gehackt
1–2 EL Sherry (Medium) oder
Reiswein
1 EL Sojasauce
200 g Brokkoli, kleine Röschen
100 g Karotten, 3 mm feine Stifte
100 g Lauch, feine Scheiben
1 Rezept Tofuklößchen (S. 13)
1–2 EL Meerrettich, frisch gerieben

1. Nudeln in reichlich Salzwasser al dente kochen, abgießen, abtropfen lassen. Das Timing ist perfekt, wenn die Nudeln gleichzeitig mit dem Gemüse fertig sind.

2. Die Gemüsebrühe zum Kochen bringen, mit Ingwer, Sherry und Sojasauce würzen. Brokkoli und Karotten hinzufügen, 4 Minuten köcheln. Lauch dazugeben, 2 Minuten köcheln. Mit Sherry und Sojasauce abschmecken.

3. Die Nudeln auf große Portionsschüsseln verteilen. Das Gemüse mit dem Schaumlöffel aus der Brühe heben, dekorativ auf die Nudeln legen. Gemüsebrühe vorsichtig in die Schüssel gießen. Tofuklößchen in die Schüsseln setzen. Mit Meerrettich garnieren.

Mein Tip: Die blitzschnelle Variante: Statt Tofuklößchen 200 g Tofuwürfel zusammen mit den Karotten in den Topf geben.

Italienischer Nudeltopf mit Omelettestreifen

Für 2–3 Personen

1 EL Butter
1 EL Olivenöl
1 Zwiebel, fein gehackt
2 Knoblauchzehen, fein gehackt
300 g reife Tomaten, Stücke (oder geschälte Tomaten aus der Dose)
1 Lorbeerblatt
$1/2$ TL Thymian
schwarzer Pfeffer aus der Mühle
1 l Gemüsebrühe
200 g dünne, grüne Tagliatelli
Salz
200 g Brokkoli, kleine Röschen
100 g Karotten, feine Scheiben
1 Stiel Stangensellerie, kleine Würfel
100 g Zucchini, 2 mm dünne Scheibchen
1 Rezept Parmesan-Omelette-Streifen (S. 13)
1 Frühlingszwiebel, feine Ringe
2 EL Basilikum, fein geschnitten

1. Butter und Öl in einem Topf mit dickem Boden erhitzen. Zwiebeln darin unter Rühren goldgelb braten. Knoblauch dazugeben, unter Rühren kurz anbraten.

2. Tomaten dazugeben, mit Lorbeerblatt, Thymian und Pfeffer würzen. Die Tomaten unter Rühren zu eine dicken Sauce einkochen. Mit Gemüsebrühe aufgießen, 10 Minuten köcheln. Die Tomatenbrühe durch ein Sieb gießen.

3. Tagliatelli in reichlich Salzwasser al dente kochen, abgießen, abtropfen lassen. Nudeln auf große Portionsschüsseln verteilen, mit etwas heißer Tomatenbrühe übergießen.

4. Die restliche Tomatenbrühe nochmals zum Kochen bringen. Brokkoli, Karotten und Sellerie hinzufügen, 8 Minuten köcheln. Zucchini hinzufügen, nur einen Moment köcheln. Mit Salz und Pfeffer abschmecken.

5. Das Gemüse mit dem Schaumlöffel aus der Brühe heben. Gemüse und Parmesan-Omelette-Streifen auf den Nudeln verteilen. Die Schüsseln mit Tomatenbrühe auffüllen. Nudeltopf mit Frühlingszwiebeln und Basilikum bestreut servieren.

Japanischer Nudeltopf mit gebratenen Pilzen

Für 2–3 Personen

200 g japanische Sobanudeln oder
Buchweizenspaghetti
Salz
1200 ml Gemüsebrühe, schwach
gesalzen
2 EL Öl
1 Zwiebel, feine Ringe
300 g Champignons oder
Shiitakepilze, feine Scheiben
1 EL Sojasauce
2 EL Reiswein
1/2 EL Mirin (japanischer Würzwein)
1 TL Ingwer, fein gehackt
50 g Zuckererbsenschoten
100 g Karotten, sehr dünne Scheiben
50 g Mung- oder Sojasprossen
1 Frühlingszwiebel, feine Ringe

1. Die Nudeln in reichlich Salzwasser bißfest kochen, abgießen und gut abtropfen lassen. Die Nudeln in große Portionsschüsseln verteilen.

2. Die Gemüsebrühe in einem großen Topf zum Kochen bringen. Etwas heiße Brühe über die Nudeln gießen.

3. In einer großen Pfanne das Öl erhitzen. Zwiebeln darin goldgelb braten. Pilze dazugeben, unter Rühren 2 Minuten braten. Mit Sojasauce, Reiswein und Mirin ablöschen. Die Sauce etwas einkochen.

4. Ingwer, Pilze, Erbsenschoten, Karotten und Sprossen in die Brühe geben, 2 Minuten köcheln. Mit Sojasauce, Reiswein und Mirin abschmecken.

5. Das Gemüse mit dem Schaumlöffel aus dem Topf heben, auf den Nudeln verteilen. Schüsseln mit Brühe auffüllen. Nudeltopf mit Frühlingszwiebeln garnieren.

Mein Tip: Mit geröstetem Sesam bestreuen: 3 EL Sesamkörner in einer trockenen Pfanne unter Rühren rösten, bis die Körner anfangen hochzuspringen.

Gnocchi-Topf mit jungen Gemüsen

Für 4 Personen

Gnocchi:

300 g Ricotta oder Magerquark
120 g Mehl
80 g Parmesan, frisch gerieben
Salz
schwarzer Pfeffer aus der Mühle
1 Prise Muskat
2 Eier

Eintopf:

1300 ml Gemüsebrühe
100 g Zucchini, kleine Würfel
100 g Lauch, feine Streifen
1 Tomate, abgezogen, kleine Würfel
Salz
schwarzer Pfeffer aus der Mühle
Muskat
2 EL Basilikum, fein geschnitten
100 g Parmesan, frisch gerieben

Gnocchi:

1. Mit dem Handrührgerät Ricotta, Mehl, Parmesan, Salz, Pfeffer und Muskat zu einer glatten Masse rühren. Eier verquirlen, nach und nach unter die Masse rühren. Es soll ein glatter, fester Teig entstehen. Eventuell noch etwas Mehl unterrühren. Teig zugedeckt 30 Minuten im Kühlschrank ruhen lassen.

2. Auf einer bemehlten Fläche aus dem Teig eine Rolle von 2,5 cm Durchmesser formen. Davon 1 cm dünne Scheiben abschneiden. Damit die typische Gnocchiform entsteht, jede Scheibe auf einen Gabelrücken legen und leicht andrücken.

3. Reichlich Salzwasser zum Kochen bringen. Die Gnocchi darin etwa 3 Minuten ziehen lassen. Wenn die Gnocchi aufsteigen, mit dem Schaumlöffel aus dem Wasser heben und kurz abtropfen lassen.

Eintopf:

1. Gemüsebrühe zum Kochen bringen. Zucchini, Lauch und Tomate dazugeben, 2 Minuten erhitzen.

2. Gnocchi dazugeben, kurz erhitzen, mit Salz, Pfeffer und Muskat abschmecken. Mit Basilikum bestreuen. Parmesan dazu reichen.

95